BEI GRIN MACHT SICH IHR WISSEN BEZAHLT

AF149508

- Wir veröffentlichen Ihre Hausarbeit, Bachelor- und Masterarbeit

- Ihr eigenes eBook und Buch - weltweit in allen wichtigen Shops

- Verdienen Sie an jedem Verkauf

Jetzt bei www.GRIN.com hochladen und kostenlos publizieren

Planung statistischer Kennzahlen. Umsetzung anhand des Beispiels SAP R/3

Ilyas Erdem Kasap

Bibliografische Information der Deutschen Nationalbibliothek:

Die Deutsche Nationalbibliothek verzeichnet diese Publikation in der Deutschen Nationalbibliografie; detaillierte bibliografische Daten sind im Internet über http://dnb.d-nb.de abrufbar.

ISBN: 9783346404015
Dieses Buch ist auch als E-Book erhältlich.

© GRIN Publishing GmbH
Nymphenburger Straße 86
80636 München

Druck und Bindung: Books on Demand GmbH, Norderstedt Germany
Gedruckt auf säurefreiem Papier aus verantwortungsvollen Quellen

Das Buch bei GRIN: https://www.grin.com/document/1013087

Hausarbeit

Fachhochschule Dortmund

Studiengang: Betriebswirtschaftslehre

Planung statistischer Kennzahlen

Referent: Ilyas Kasap

WS 2020/21: Wintersemester

Abgabedatum 05.03.2021

Inhaltsverzeichnis

Abbildungsverzeichnis

Einleitung

SAP R/3 ist eine von dem deutschen Softwareunternehmen SAP im Jahre 1992 entwickelte ERP- Software, die es Unternehmen ermöglicht Geschäftsprozesse zu Digitalisieren. Die Software bietet somit Unternehmen die Möglichkeit Ressourcen und Informationen zu koordinieren, integrieren und Geschäftsprozesse zu steuern. Dadurch lassen sich Informationen effizient planen und Probleme bekennen.[1] Dabei liegt der Schwerpunkt dieser Hausarbeit im Bereich der Kostenstellenplanung, wobei ich die Planung von statistischen Kennzahlen näher erläutern werde, da für eine erfolgreiche Kostenkontrolle eine ausführliche Planung Voraussetzung ist. Im Folgenden werde ich die Hausarbeit in drei Schritten das Thema Planung statistischer Kennzahlen mit SAP/R3 bearbeiten. Im ersten Abschnitt werde ich die Kostenstellenplanung und die Ziele der Kostenstellenplanung näher erläutern. Im zweiten Abschnitt werde ich den Begriff statistische Kennzahlen konkretisieren und das Anlegen einer statistischen Kennzahl erklären. Im letzten Abschnitt wird das Ziel sein die Planung einer statistischen Kennzahl zu erläutern und anhand eines Beispiels und einer Klick Anleitung im SAP R/3 durchführen.

Ich hoffe mit dieser Hausarbeit einen Überblick über die Planung von statistischen Kennzahlen darzustellen.

Kostenstellenplanung

Planen bedeutet sich mit der Zukunft auseinander zu setzen, das heißt zukünftige Entwicklungen werden analysiert. Darauf basierend werden Strategien zur Erreichung der Unternehmensziele entwickelt. Dadurch wird gewährleistet, dass ein Unternehmen auf erwartete Entwicklungen vorbereitet ist und durch gezielte Maßnahmen reagieren kann.[2]

Die Kostenstellenplanung ist ein wichtiger Bestandteil der operativen Planung des Gesamtunternehmens.[3] Die Kostenstellenplanung (CO-OM-CCA) hilft Soll-

---

[1] https://www.it-talents.de/blog/it-talents/was-ist-eigentlich-sap-r-3 (Besucht am 10.02.2021).
[2] https://www.business-wissen.de/hb/strategien-im-hinblick-auf-gegenwart-zukunft-und-ziele-entwickeln/ (Besucht am 11.02.2021).
[3] https://www.tu-chemnitz.de/wirtschaft/sapr3/gkrewe/content/SAP_RW_14_1.html (Besucht am 17.02.2021).

Zahlen für Kosten, Leistungen oder statistischen Kennzahlen auf Kostenstellen darzustellen. Durch einen Vergleich der Soll-Ist Ergebnisse können Abweichungen ermittelt werden.

Ziel der Kostenstellenplanung

Ziele der Kostenstellenplanung sind die Planung der zukünftigen Aktivitäten der Unternehmung für einen bestimmten Zeitraum, Steuern der Art und Weise des Geschäftsablaufs der aktuellen Periode, Überwachung der Wirtschaftlichkeit nach Abschluss der Periode durch Plan/Ist-und Soll/Ist-Vergleiche und die Schaffung einer Grundlage zur Bewertung der Aktivitäten eines Unternehmens.[4]

So sind bei Planung der Zukunft des Unternehmens Vorgaben genau zu definieren. Zudem müssen die internen und externen Faktoren berücksichtigt werden. Um die Einhaltung des Planes zu gewährleisten ist das Steuern der aktuellen Geschäftsabläufe sehr wichtig.[5]

Statistische Kennzahlen

In der Kostenstellenplanung werden für die aktuelle Periode, die Kosten und Erträge für jede Kostenstelle genau bestimmt.

Bei Planung von Kostenstellen sind folgende Bereiche zu unterscheiden:

- die Planung von statistischen Kennzahlen

- die Planung der Leistungserbringung und Tarife

- die Planung in der Zukunft anfallenden Kosten.[6]

---

[4] https://help.sap.com/viewer/9afb6f90c86748ef9f2b17c7d857f9b3/6.00.31/de-DE/97cfba538c95b54ce10000000a174cb4.html (Besucht am 18.02.2021).
[5] ebd.
[6] https://help.sap.com/viewer/9afb6f90c86748ef9f2b17c7d857f9b3/6.00.31/de-DE/ff0ad553088f4308e10000000a174cb4.html (Besucht am 19.02.2021).

Der Schwerpunkt dieser Hausarbeit liegt in der Planung von statistischen Kennzahlen. Im Folgenden werde ich den Begriff statistische Kennzahlen näher erläutern, die zwei Ausprägung von statistischen Kennzahlen sowie die Integration genauer definieren.

Statistische Kennzahlen sind numerische Werte die zum Bestimmen von Kostenstellen, Leistungsarten, Aufträgen und Geschäftsprozessen dienen. Mit Hilfe statistischer Kennwerte kann man Datenverzeichnisse durch Werte charakterisieren und Vergleiche zwischen unterschiedlichen Sachverhalten, die dasselbe Merkmal betreffen (z.B. Umsatz) realisieren. In der Kostenrechnung werden statistische Kennzahlen zur Umlage und Verteilung genutzt.[7]

Die statistische Kennzahl „Mitarbeiter" ist bei der Personalplanung und Abrechnung geeignet, zusätzlich für die Berechnung der Verteilung und Umlage von Gemeinkosten.[8]

Statistische Kennzahlen können als Summen und Festwerte definiert werden. Sie können manuell erfasst oder maschinell durch andere Anwendungen im SAP-System übernommen werden.[9]

Statistische Kennzahlen anlegen

Statistische Kennzahlen geben neben wirtschaftlichen Daten, auch Informationen über Profitcenter z.B. Ausnutzung von Betriebsmitteln, Marktinformationen, Mitarbeiteranzahl, Geschäftsausstattung oder Quadratmeter für Verwaltung, Produktion oder Lager wieder.[10]

Statistische Kennzahlen werden im Menü der Kostenstellenrechnung angelegt. Um Statistische Kennzahlen anlegen zu können ist der folgende Pfad zu folgen >Stammdaten>Statistische Kennzahlen>Einzelbearbeitung>Anlegen. Damit eine

---

[7] https://help.sap.com/viewer/9afb6f90c86748ef9f2b17c7d857f9b3/6.00.31/de-DE/6186d253913e4608e10000000a174cb4.html?q=statistische%20kennzahlen (Besucht am 19.02.2021).
[8] ebd.
[9] ebd.
[10] https://help.sap.com/doc/374cd953292a424de10000000a174cb4/3.6/de-DE/6f4ad953292a424de10000000a174cb4.html (Besucht am 20.02.2021).

Kennzahl eindeutig identifiziert werden kann wird im Anforderungsbild des statistischen Kennzahlenstamms unter dem Feld „Statistische Kennzahl" ein Name für die Bezeichnung der statistischen Kennzahl eingetragen.

Im Grundbild sind folgende Daten zu erfassen.

- Die vorher definierte Bezeichnung für die statistische Kennzahl
- Die Dimensionale Einheit in der die Statistischen Kennzahlen gebucht werden, zum Beispiel „Mengen" oder „Zeiteinheiten".
- Kennzahlentyp: dieser legt fest, ob die Werte als „Festwert" oder „Summenwert" gebucht werden. Beim Typ Festwert, werden Werte der aktuellen Periode für alle folgenden Perioden vorgetragen. Werte des Typs Summenwert werden hingegen nicht auf folgende Perioden vorgetragen.[11]

Planung statistischer Kennzahlen

Statistische Kennzahlen werden zur Ermittlung von Planleistungen und Plankapazitäten einer Kostenstelle genutzt. Außerdem werden sie zur Durchführung von Plan-Umlagen, Plan-Verteilungen und zur Kennzahlenermittlung benötigt.[12]

Ziele dieser Planung sind die Bestimmung von Kennzahlen zu Kostenstellen und das Festlegen von Werten für Umlage und Verteilung.

Im Einstiegsbild werden Planerprofile und Planungslayouts eingestellt.[13]

Planerprofile dienen zum Steuern des Ablaufs einer Planung. In einem Planerprofil wird für jedes Planungsgebiet jeweils ein Planungslayout festgelegt.[14]

Nachdem ein Planerprofil und das Layout eingestellt wurde, werden Planversionen, der Planungszeitraum sowie die Planungsobjekte definiert. Bei Angaben zur Version wird genau definiert in welcher Planversion geplant werden soll.

Planversion müssen vor der Kostenplanung definiert werden. Außerdem müssen folgenden Angaben vorgenommen werden:

---

[11] https://help.sap.com/doc/2c11d553088f4308e10000000a174cb4/3.6/de-DE/300ed553088f4308e10000000a174cb4.html (Besucht am 20.02.2021).
[12] https://www.tu-chemnitz.de/wirtschaft/sapr3/gkrewe/content/SAP_RW_12_2.html (Besucht am 20.02.2021).
[13] https://help.sap.com/viewer/9afb6f90c86748ef9f2b17c7d857f9b3/6.00.31/de-DE/d80bd553088f4308e10000000a174cb4.html (Besucht am 21.02.2021).
[14] https://help.sap.com/viewer/9afb6f90c86748ef9f2b17c7d857f9b3/6.00.31/de-DE/ad3ad253913e4608e10000000a174cb4.html (Besucht am: 21.02.2021).

- Von Periode / bis Periode: Planungsperioden, für die die Planung durchgeführt werden
- Geschäftsjahr, in dem geplant werden soll
- Festlegung der Kostenstelle oder Kostenstellengruppe, auf denen statistische Kennzahlen geplant werden sollen
- Festlegung der statistischen Kennzahlen für die geplant werden soll.[15]

Mit dem sogenannten Kennzeichen kann eingegrenzt werden, in welchem Umfang Daten im Übersichtsbild angezeigt werden sollen.

In das Übersichtsbild gelangt man durch das Einstiegsbild, in denen einzelne Einstellungen während der Planung verändert werden können.

Die geplanten Werte beziehen sich auf den gesamten Zeitraum, die mit Hilfe des Verteilungsschlüssels auf einzelne Perioden verteilt werden.

Im Periodenbild ist es möglich Werte für einzelne Perioden zu erfassen. In den Spalten werden folgende Angaben gemacht:
- Schlüssel der statistischen Kennzahl
- Kennzeichen des Kennzahlentyps (1= Festwert, 2=Summenwert)
- Planwert der statistischen Kennzahl für den gesamten Planungszeitraum
- Maximaler Planwert
- Kennzeichen des Verteilungsschlüssels sowie die Einheit der statistischen Kennzahl.[16]

---

[15] https://help.sap.com/viewer/344eeec6ef34438dbce0a2cb90701130/6.18.10/de-DE/f70bd553088f4308e10000000a174cb4.html (Besucht am 21.02.2021).
[16]https://help.sap.com/saphelp_me61/helpdata/de/d2/49d953292a424de10000000a174cb4/content.htm?no_cache=true (Besucht am 22.02.2021).

Klick Anleitung: Planung statistische Kennzahlen

SAP Easy Access

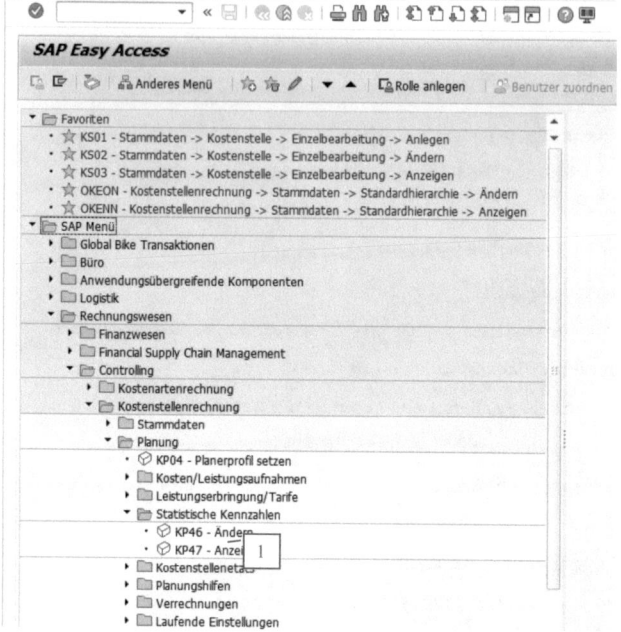

Abbildung 1: KP46 Ändern © SAP AG

Menüpfad   Rechnungswesen > Controlling > Kostenstellenrechnung > Planung
> Statistische Kennzahlen

Transaktion KP46 - Ändern

(1) Mit einem Doppelklick auf die Transaktion **KP46 – Ändern** wird diese gestartet

Hinweis: Kostenstellen, Kostenarten oder Kostenstellengruppen sind vorher anzulegen.

Planung Statistische Kennzahlen ändern: Einstiegsbild

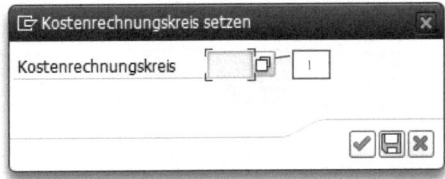

Abbildung 2: Kostenrechnungskreis auswählen © SAP AG

(1) Mit Klick auf die **Eingabehilfe** zum Feld **Kostenrechnungskreis** erhält man eine Auswahlliste mit gültigen Werten.

Planung Statistische Kennzahlen ändern: Einstiegsbild

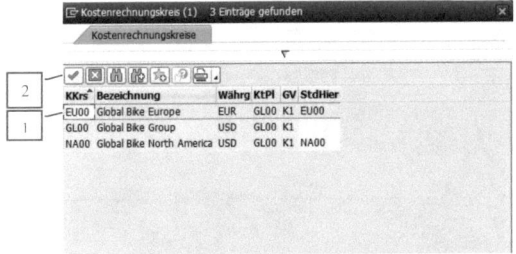

Abbildung 3: Kostenrechnungskreis auswählen © SAP AG

(1) Mit einem Klick auf die Zeile mit dem Wert **EU00** wird diese markiert.

(2) Es wird auf ☑ geklickt.

Planung Statistischer Kennzahlen ändern: Einstiegsbild

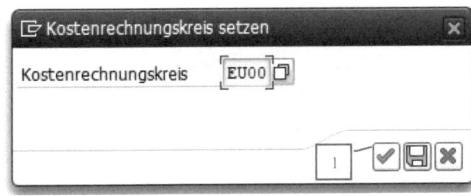

Abbildung 4: Kostenrechnungskreis bestätigen © SAP AG

(1) Mit Klick auf ☑ **Bestätigen** Sie die Angaben.

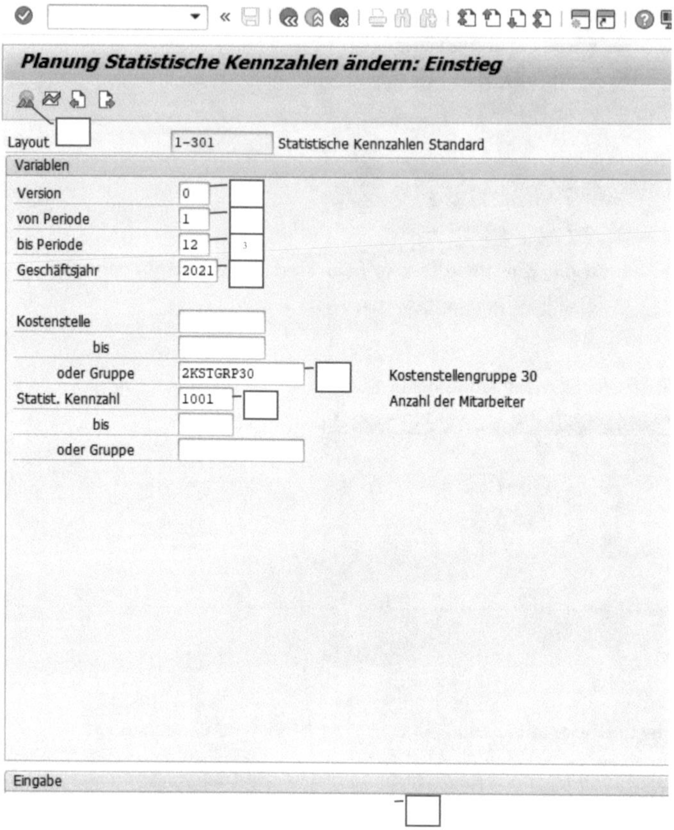

Abbildung 5: Daten erfassen © SAP AG

(1) In das Feld **Version** wird **0** eingegeben.

(2) In das Feld **von Periode** wird **1** eingegeben.

(3) In das Feld **bis Periode** wird **12** eingegeben.

(4) In das Feld **Geschäftsjahr** wird das aktuelle Geschäftsjahr **„2021"** eingegeben.

(5) In das Feld **Kostenstellengruppe** wird **2KSTGRP30** eingegeben.

(6) In das Feld Statistische Kennzahl wird **1MG02** eingegeben.

(7) Anschließend wird das Feld **formularbasiert** ausgewählt.

(8) Mit einem Klick auf das **„Übersicht"-Button** gelangen wir zum Übersichtsbild.

Planung Statistische Kennzahlen ändern: Übersichtsbild

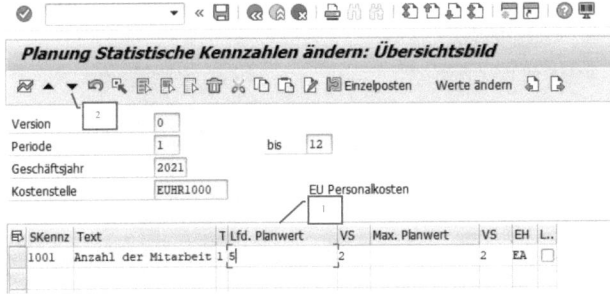

Abbildung 6: Eingabe der Planwerte für die Kostenstelle EUHR1000 © SAP AG

(1) In das Feld **Lfd. Planwert** wird „**5**" eingeben.

(2) Mit einem Klick auf diesen **Pfeil** gelangt man zur nächsten Kostenstelle.

Planung Statistische Kennzahlen ändern: Übersichtsbild

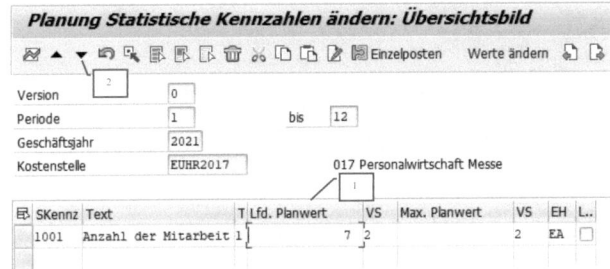

Abbildung 7: Eingabe der Planwerte für die Kostenstelle EUHR2017 © SAP AG

(1) In das Feld **Lfd. Planwert** wird „**7**" eingeben.

(2) Mit einem Klick auf diesen **Pfeil** gelangt man zur nächsten Kostenstelle.

Planung Statistische Kennzahlen ändern: Übersichtsbild

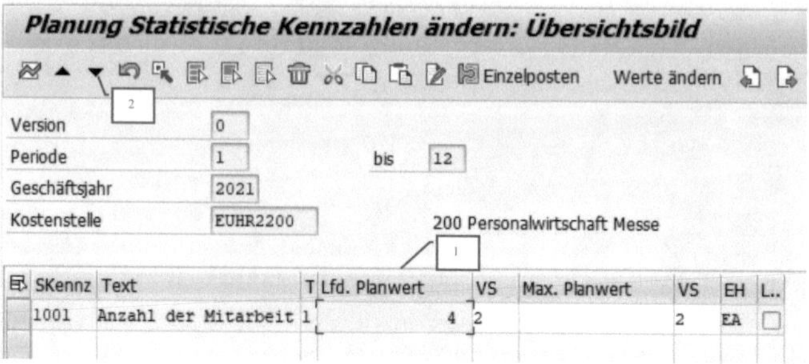

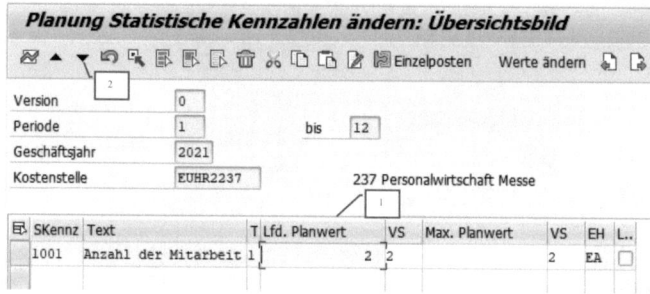

Abbildung 8: Eingabe der Planwerte für die Kostenstelle EUHR2200 © SAP AG

(1) In das Feld **Lfd. Planwert** wird „4" eingeben.

(2) Mit einem Klick auf diesen **Pfeil** gelangt man zur nächsten Kostenstelle.

Planung Statistische Kennzahlen ändern: Übersichtsbild

Abbildung 9: Eingabe der Planwerte für die Kostenstelle EUHR2237 © SAP AG

(1) In das Feld **Lfd. Planwert** wird „2" eingeben.

(2) Mit einem Klick auf diesen **Pfeil** gelangt man zur nächsten Kostenstelle.

Planung Statistische Kennzahlen ändern: Übersichtsbild

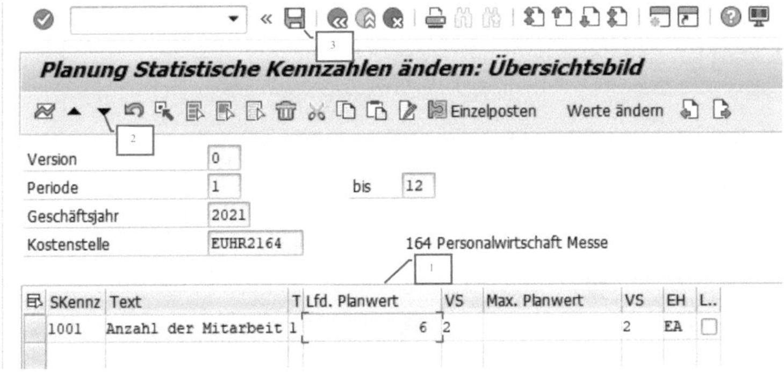

Abbildung 10: Eingabe der Planwerte für die Kostenstelle EUHR2164 © SAP AG

(1) In das Feld **Lfd. Planwert** wird „6" eingeben.

(2) Mit einem Klick auf diesen **Pfeil** gelangt man zur nächsten Kostenstelle.

(3) Es wird auf ⊟ geklickt, um die Arbeit zu speichern.

Quellenverzeichnis

Dirk, Jan (2017) Die Digitalisierung von (Geschäfts-) Prozessen https://www.it-talents.de/blog/it-talents/was-ist-eigentlich-sap-r-3 (Zugriff: 10.02.2021)

Fleig, Jürgen (2018) Zukunftsorientiertes Denken https://www.business-wissen.de/hb/strategien-im-hinblick-auf-gegenwart-zukunft-und-ziele-entwickeln/ (Zugriff: 11.02.2021)

Kahlert, Dirk Bearbeitung statistischer Kennzahlen https://www.tu-chemnitz.de/wirtschaft/sapr3/gkrewe/content/SAP_RW_12_2.html (Zugriff: 20.02.2021)

Kahlert, Dirk Ziele und Aufgabe der Kostenstellenplanung https://www.tu-chemnitz.de/wirtschaft/sapr3/gkrewe/content/SAP_RW_14_1.html (Zugriff: 17.02.2021)

SAP-AG Die kurzfristige Unternehmensplanung https://help.sap.com/viewer/9afb6f90c86748ef9f2b17c7d857f9b3/6.00.31/de-DE/ff0ad553088f4308e10000000a174cb4.html (Zugriff: 19.02.2021)

SAP-AG Durchführung der manuellen Planung https://help.sap.com/viewer/9afb6f90c86748ef9f2b17c7d857f9b3/6.00.31/de-DE/d80bd553088f4308e10000000a174cb4.html (Zugriff: 21.02.2021)

SAP-AG Kostenstellenplanung (CO-OM-CCA) https://www.business-wissen.de/hb/strategien-im-hinblick-auf-gegenwart-zukunft-und-ziele-entwickeln/ (Zugriff: 18.02.2021)

SAP-AG Planerprofile https://help.sap.com/viewer/9afb6f90c86748ef9f2b17c7d857f9b3/6.00.31/de-DE/ad3ad253913e4608e10000000a174cb4.html (Zugriff: 21.02.2021)

SAP-AG Statistische Kennzahlen https://help.sap.com/viewer/9afb6f90c86748ef9f2b17c7d857f9b3/6.00.31/de-DE/6186d253913e4608e10000000a174cb4.html?q=statistische%20kennzahlen (Zugriff: 19.02.2021)

SAP-AG Statistische Kennzahlen und Statistische Kennzahlengruppen https://help.sap.com/viewer/9afb6f90c86748ef9f2b17c7d857f9b3/6.00.31/de-DE/6186d253913e4608e10000000a174cb4.html?q=statistische%20kennzahlen (Zugriff: 20.02.2021)

SAP-AG Statistische Kennzahlen anlegen https://help.sap.com/doc/2c11d553088f4308e10000000a174cb4/3.6/de-DE/300ed553088f4308e10000000a174cb4.html (Zugriff: 20.02.2021)

SAP-AG Standard-Planungslayouts https://help.sap.com/viewer/344eeec6ef34438dbce0a2cb90701130/6.18.10/de-DE/f70bd553088f4308e10000000a174cb4.html (Zugriff: 21.02.2021)

SAP-AG Übersichtsbild (Plandaten) https://help.sap.com/saphelp_me61/helpdata/de/d2/49d953292a424de10000000a174cb4/content.htm?no_cache=true (Zugriff: 22.02.2021)